HELLBOY™

NASIENIE ZNISZCZENIA

NASIENIE ZNISZCZENIA

Pomysł i rysunki
MIKE MIGNOLA

Scenariusz
JOHN BYRNE

Kolory miniserii
MARK CHIARELLO

Kolory na okładce
DAVE STEWART

Kolory krótkich komiksów
MATTHEW HOLLINGSWORTH

✠

Wprowadzenie
ROBERT BLOCH

DARK HORSE BOOKS®

Album zawiera zeszyty 1–4 serii *Hellboy: Seed of Destruction* oraz historie z San Diego Comic-Con #2 i Comics Buyer's Guide.

© for the Polish edition by EGMONT POLSKA 2012

Zespół redakcyjny wydań oryginalnych:
Redaktorzy: Barbara Kesel, Scott Allie
Projekt albumu: Mike Mignola i Gary Grazzini
Wydawca: Mike Richardson

Tytuł oryginału: Hellboy: *Hellboy: Seed of Destruction*
Scenariusz: John Byrne
Rysunki: Mike Mignola
Kolory: Mike Chiarello, Dave Stewart, Matthew Hollingsworth
Logo serii HELLBOY: Kevin Nowlan

Przekład z języka angielskiego: Miłosz Brzeziński
Przekład wstępu, dodatków oraz redakcja merytoryczna: Tomasz Sidorkiewicz
Klub Świata Komiksu – album 0062
DTP: Ekart
Wydawnictwo Egmont Polska Sp. z o.o.
ul. Dzielna 60, 01-029 Warszawa
tel.: 22 838 41 00, e-mail: ksk@egmont.pl
Wydanie II
ISBN 978-83-237-4764-2

Druk i oprawa: Białostockie Zakłady Graficzne S.A.

Informacje o wszystkich albumach Klubu Świata Komiksu
znajdują się na naszej stronie internetowej: www.swiatkomiksu.pl

WPROWADZENIE

ℜOBERT BLOCH

GDYBY KTOŚ PIĘĆDZIESIĄT LAT TEMU powiedziałby mi, że będę pisał wstęp do albumu komiksowego, wziąłbym go za wariata. Musiałoby mi nieźle odbić, żebym się wziął za coś takiego.

W tamtych czasach pisałem opowiadania do magazynów groszowych. Teksty w nich publikowane, włączając moje własne, nie przynosiły wielkiej chluby literaturze amerykańskiej, ale przynajmniej mogłem mówić, że jestem pisarzem. Dziś pewnie przyciągnąłbym większą uwagę krytyków i mediów, gdybym zaczął malować graffiti. Niemniej jednak, mimo że nie zdarzało się to często, byłem autorem, którego teksty publikowano. Niektórych kolegów, równie dumnych ze swojego statusu, mniej zadowalał uzyskiwany dochód. Chałturzyli, przybierając rozmaite pseudonimy. Pisali dialogi i scenariusze komiksowe. O tym jednak nie mówiło się w towarzystwie, ani nawet nie wspominało w rozmowie w cztery oczy. Trzeba było liczyć się z niedyskrecją – każdy mógł przyznać się do nawrócenia na chrześcijaństwo, ale jedynie nieliczni przyznawali się do udziału w tak niecnym procederze, jakim były naznaczone piętnem satanizmu komiksy.

A komiksy dla wielu takie właśnie były. Szatańskie. Obrzydliwe i obskurne, nawołujące do przemocy. Ich twórcy uchodzili za ludzi, przy których pedofile zdawali się niewiniątkami.

Tak w każdym razie uważał doktor Frederick Wertham, psychiatra, który zapoczątkował atak na demony, dostępne w każdym kiosku. Dziwne to o tyle, że ten sam doktor kilka lat później dość dobrze ocenił *The Scarf*, moją debiutancką powieść. W korespondencji, którą nawiązaliśmy po tym, jak zrecenzował tę książkę, poruszyliśmy między innymi temat przemocy w komiksach, ale tak jakby żaden z nas nie miał pojęcia o morderstwach i gwałtach, których dopuszczałem się na papierze.

Przez pół wieku sporo się zmieniło – zarówno komiksy, jak i ja sam. I przynajmniej jedna z tych rzeczy – komiksy – się rozwinęła.

Dawniej z łatwością można było dostrzec źródła komiksowych historii w magazynach groszowych – wielu bohaterów obecnych na ich łamach zostało adaptowanych do obrazkowego medium. W warstwie graficznej widać było wpływ komiksowych pasków, kreskówek, ilustracji z magazynów i filmów z ówczesnej ery. Pierwsze komiksy były wyjątkowo wtórne, a niektóre, przynaj-

mniej częściowo, zasługiwały na słowa krytyki ludzi, którzy bali się, że ich dzieci po lekturze opowieści obrazkowych zejdą na złą drogę.

A komiksy potrafiły oddziaływać na czytelników – co do tego nie było żadnych wątpliwości. Młodzi czytelnicy pod ich wpływem niekiedy również stawali się twórcami – pisarzami, artystami, reżyserami.

Dziś ci, na których wywierano wpływ, wyrośli na twórców robiących to samo z odbiorcami ich dzieł, krąg przyczynowo--skutkowy się zamknął. Teraz to komiksy są nowatorskie: ilustracje prasowe kopiują styl komiksowy, a inne formy sztuki często zapożyczają komiksowe techniki. Cały „język" współczesnego kina i telewizji w dość wyraźny sposób korzysta z komiksów – ostre cięcia montażowe, głowy wypełniające cały kadr, gwałtownie zmieniające się ujęcia i wiele innych innowacji pozwalających na odpowiednie wzmocnienie akcentu i akcji.

Wszystkie te zjawiska zostały zaakceptowane i umieszczone w szufladce z napisem „pop art", ale już pojawiają się sygnały, że uzdolnieni artyści, pisarze i redaktorzy zaczynają rozszerzać granice gatunku. Nieskończone (i często bezmyślne) powtórki motywów przestają już im wystarczać – twórcy sięgają po szersze, bardziej ogólne pomysły, śmielsze metody zachęcania bardziej dojrzałych czytelników, nowe sposoby przekazywania starych opowieści.

Hellboy jest bardzo dobrym przykładem, jak podnieść komiks fantastyczny na wyżyny sztuki literackiej, a jednocześnie zachować wysoki poziom emocji. Fabuła opowieści łączy tradycyjne pomysły ze współczesnymi odnośnikami, a całość zostaje opatrzona olśniewającymi ilustracjami.

Jak w każdym eksperymentalnym przedsięwzięciu można i tu znaleźć kilka niedociągnięć. „Aaa, no jasne" – tego typu sarkastycznych tekstów nie używano w 1944 roku, nikt też nie mógł być nazwany „dziwakiem jak z komiksu wyciętym".

Ale to drobiazgi, ledwie rysy na sklepieniu Kaplicy Sykstyńskiej. Ogólne wrażenie, jakie wywiera *Hellboy*, to poczucie, że obcowało się z prawdziwym dziełem sztuki – oryginalnym, odkrywczym i fascynującym. Co chwilę znaleźć możecie tu kadry i całe strony pełne wyrafinowanych, czasem świadomie zdeformowanych klasycznych form i motywów.

Niektóre z ilustracji, dzieła wybitnego talentu, mogłyby zostać oprawione w ramki i spokojnie funkcjonować niezależnie. Niezwykłe kolory podkreślają nastrój i dopełniają wrażenia, jakie wywiera na czytelniku scenariusz. Daleko temu albumowi do pop artu ze świata Andy'ego Warhola i bezmyślnej symboliki kultury narkotykowej. *Hellboy* reprezentuje nową, ewolu-ującą formę sztuki, doskonale przystoso-waną do współczesnych czasów.

A w dodatku świetnie się to czyta!

Dla Jacka Kirby'ego, H. P. Lovecrafta,
mojej cudownej żony Christine
i niesamowitego Elmera Newtona.

Rozdział Pierwszy

Z dziennika George'a Whitmana, starszego sierżanta armii USA 23.12.1944 East Bromwich, Anglia

Jesteśmy tu od dwóch dni i nie zanosi się na poprawę. Ludzie czują się dziwnie. Może byłoby lepiej, gdyby to miejsce miało jakąś nazwę? Albo gdyby mieszkańcy wioski chcieli cokolwiek o nim powiedzieć? Ale nie chcą.

Naszych ludzi nie rusza nawet zagrożenie ze strony węszącej ponoć w Anglii grupy niemieckich komandosów. Zachowują się tak, jakby naziści byli ostatnią rzeczą na świecie, o którą muszą się martwić.

Gdyby to była prawda, nie byłoby nas w tym miejscu.

No dobra. Oto, co – jak sądzimy – jest pewne: Hitler wysłał na Wyspy dziwną grupę. Nazwałem ich komandosami, ale towarzyszący nam ludzie z Brytyjskiego Towarzystwa Paranormalnego mówią, że to nie są zwykli żołnierze. Są zdania, że Niemcy przysłali coś w rodzaju oddziału do nawiązywania kontaktu z demonami. Że Szkopy są tu, żeby odprawić jakiś rodzaj rytuału czy czegoś tam. Przywołać potwory... umarłych.

Taaa, jasne.

Ale cokolwiek ma to być, zmartwiło „górę" na tyle, że przysłali specjalny oddział. Jest też Pochodnia Wolności. Śmiesznie wygląda, stojąc z filiżanką kawy, pośród chłopaków. Przywykłem oglądać go raczej w kronikach frontowych, walczącego z jakimiś nazistowskimi szajbusami.

Mimo wszystko robi wrażenie równiachy. I wierzy w całe to zamieszanie. Mówi, że jego źródła potwierdzają, jakoby naziści osiągnęli końcowe stadium czegoś, co nazywają „Operacja Ragna Rok".

Nasi przyjaciele nie byliby zachwyceni, gdyby dowiedzieli się, że uwierzyliśmy im dlatego, że Pochodnia za nich poręczył.

Ludzi z Towarzystwa Paranormalnego jest troje: profesor Malcolm Frost z College'u Dominikanów; Trevor Bruttenholm (nazywamy go „Brum"), paranormalne tematy to jego konik; no i pani Cynthia Eden-Jones, która jest chyba najlepszym medium w Anglii.

Zaś na czele tej bandy dziwaków jak z komiksu wyciętych tkwię ja, facet, który do zeszłego tygodnia nie słyszał słowa „paranormalny".

W każdym razie dwa dni obozowania – i absolutnie nic. Żadnych duchów. Żadnych potworów. Żadnych nazistów.

Jednakowoż pani Cynthia jest pewna, że właśnie tu coś się wydarzy.

Dziś w nocy.

I CO?

NIEWIELE SIĘ TU ZMIENIŁO PO TWOIM „CUDZIE"!

OSZCZĘDŹ MI SWEGO SARKAZMU, VON KRUPT.

MÓJ SARKAZM TO AKURAT NAJMNIEJSZY Z TWOICH PROBLEMÓW, CZAROWNIKU. OBIECAŁEŚ FÜHREROWI CUD. COŚ, CO ODWRÓCI WRESZCIE LOSY TEJ WOJNY I PRZYPIECZĘTUJE ZWYCIĘSTWO RZESZY!

HERR HITLER NIECHĘTNIE PRZYJMUJE PORAŻKI.

TO NIE BYŁA PORAŻKA, VON KRUPT.

WPRAWIŁEM W RUCH BIEG WYDARZEŃ. NIE MOZNA IM JUZ ZAPOBIEC ANI ICH ODWRÓCIĆ.

OBIECAŁEM HERR HITLEROWI CUD.

A KIEDY SIĘ DENERWUJĘ,
BYWA, ŻE ROBIĘ COŚ
GŁUPIEGO.

CZASAMI PAKUJĘ SIĘ
NA OŚLEP
DO CIEMNEGO POKOJU.

JESTEM SILNIEJSZY
I WYTRZYMALSZY
OD INNYCH LUDZI...

...ALE W CIEMNOŚCIACH
NIC NIE WIDZĘ.

A SZKODA.

UUF!

EKH!

BIURO BADAŃ PARANORMALNYCH I OBRONY

AKTA #267999 (16/9/48)

Niemiecka „Operacja Ragna Rok" (Mroczne Przeznaczenie)

Według informacji zespołu badającego tę sprawę, „Ragna Rok" był jedną z licznych operacji Hitlera, oznaczonych wspólnym tytułem „Dzień Zagłady", a zainicjowanych w końcowych dniach II wojny światowej.

Na dowódczych stanowiskach projektu obsadzono pięć osób (patrz fotografie), które miały podejmować najważniejsze decyzje. Całością projektu dowodził generał Klaus Werner von Krupt (patrz notatka pod fotografią).

Zwieńczeniem kilkuletniej pracy ich jednostek miał być rytuał odprawiony 23 grudnia 1944 roku na wyspie Tarmagant (patrz mapa na str. 162). Data powyższa doskonale zbiega się z manifestacją istoty o kryptonimie „Hellboy" (patrz Akta #25891) podczas tak zwanej „SPRAWY HELLBOYA".

Profesor Trevor Bruttenholm i jego personel przebadali zarówno istotę zwaną Hellboyem, jak i miejsce na wyspie Tarmagant, gdzie Niemcy odprawili rytuał. Nie odnaleziono jednak wystarczających dowodów na to, że oba wspomniane wydarzenia mają ze sobą jakikolwiek związek, a nie są jedynie zbiegiem okoliczności.

VON KRUPT, KLAUS WERNER
Zdjęcie z 12.02.1945. Skierowany do sanatorium w Eisenvalt. Zmarł 6 miesięcy później. Odnalezione zwłoki zasiedlone były przez żuki nieznanego gatunku. Nie udało się wyjaśnić przyczyny zgonu.

Leopold Kurtz
(ur. 11.10.1915)
brak danych

Ilsa Haupstein
(ur. 07.06.1919)
brak danych

Profesor doktor Karl Ruprecht Kroenen
brak danych

Imię i nazwisko nieznane
brak danych

ŻABY

Żaby, podobnie jak węże, skorpiony, kruki i czarne koty, od dawna były uważane za zwiastuny zagłady. Ilustruje to poniższa opowieść.

AFRYKAŃSKI MIT O ŻABIE

Pewnego dnia, kiedy woda w rzece wyschła niemal do cna, Człowiek doszedł do wniosku, iż kiedyś może umrzeć i nie odrodzić się więcej. Posłał więc do Boga swojego Psa, by ten zapytał, czy Człowiek będzie mógł wrócić do życia powtórnie, niczym kwitnąca roślina.

Zwierzę wyruszyło, a jego nos prowadził go do Boga. Jednakowoż pochwyciwszy w nozdrza zapach zupy, Pies nagle się zatrzymał, a następnie wyruszył ku jego źródłu. Głód przesłonił mu oczy. Warując przy kociołku pełnym gotującej się strawy, Pies zapomniał o swojej misji.

Żaba, widząc, iż Pies nie wraca, sama postanowiła wyruszyć do Boga, by powiedzieć mu, że Człowiek nie chce żyć więcej niż jeden raz. Jeśli Człowiek odrodziłby się powtórnie – myślała Żaba – szybko zamuliłby rzeki i zniszczył miejsca, gdzie mogą się mnożyć żaby.

Pies w końcu dotarł, by przekazać Bogu swoje posłannictwo. Padłszy przed Nim, smutnym wyciem prosił w imieniu Człowieka o powtórne życie. Bóg wzruszył się prośbą Człowieka, przekazaną przez Psa w tak piękny sposób.

Ale spełnił życzenie Żaby, bo ona dotarła doń pierwsza.

Rozdział drugi

ZANIM TU PRZYBYŁEM, ODROBIŁEM PRACĘ DO-MOWĄ.

DOM ZNANY JEST JAKO DWÓR CAVENDISHÓW. ZBUDOWANY ZOSTAŁ PONAD STO PIĘĆDZIESIĄT LAT TEMU PRZEZ PIERWSZEGO CAVENDISHA, KTÓRY PRZYBYŁ DO AMERYKI.

WTEDY JESZCZE BUDYNEK STAŁ NA TWARDYM GRUNCIE. Z TEGO PRZYLĄDKA ROZTACZAŁ SIĘ WIDOK NA CAŁE JEZIORO I IMPONUJĄCĄ PANORAMĘ OKOLIC.

DZISIAJ WSZYSTKO WSKAZUJE NA TO, ŻE W PIWNICY WKRÓTCE BĘDZIE MOŻNA ZAŁOŻYĆ BASEN. BUDYNEK ZACZĄŁ TONĄĆ TUŻ PO ZAKOŃCZENIU BUDOWY.

AHA, CZY WSPOMNIAŁEM, ŻE NAD TYM MIEJSCEM CIĄŻY KLĄTWA? NIE NAD SAMYM DOMEM. NAD ZIEMIĄ. NAD JEZIOREM.

OKOLICZNI INDIANIE TRZYMALI SIĘ Z DALEKA OD TEGO MIEJSCA JUŻ PARĘ TYSIĘCY LAT PRZED PRZYBYCIEM RODZINY CAVENDISHÓW.

MOŻE MYŚLICIE, ŻE KLĄTWY TO BAJKI? NIE ZGADZAM SIĘ Z TYM. WIDZIAŁEM ZBYT WIELE RZECZY, KTÓRE TEMU PRZECZĄ.

STANOWCZO ZBYT WIELE.

EKSPEDYCJE. DZIEWIĘĆ POKOLEŃ RODZINY CAVENDISHÓW WIERZYŁO, ŻE NA SZCZYCIE ŚWIATA JEST „COŚ".

NIE WIEM NAWET, ILU Z NICH ZGINĘŁO PODCZAS POSZUKIWAŃ. NA OSTATNIĄ WYPRAWĘ WZIĘLI ZE SOBĄ TREVORA BRUTTENHOLMA.

BYŁ MI JAK OJCIEC.

A TERAZ NIE ŻYJE.

A... PANI NIE WIE NICZEGO NA TEMAT... ZAB?...

HELL-BOYU...

WSZYSTKO W PORZĄDKU, MOJA DROGA. NIE MAM NIC PRZECIW BEZPOŚREDNIM PYTANIOM, NAWET JEŚLI ICH NIE ROZUMIEM.

POMÓW-MY WIĘC O SYNACH.

NIE MIAŁA PANI OD NICH ŻADNEJ WIADOMOŚCI, ODKĄD EKSPEDYCJA OPUŚCIŁA BULL HARBOR?

NIE. ŻADNEJ, ODKĄD OPUŚCILI OBÓZ.

KOLEJNYCH SIEDEMNAŚCIE ISTNIEŃ LUDZKICH NA SUMIENIU CAVENDISHÓW.

WYGLĄDA PAN... BLADO I NIE-ZDROWO.

DOKTORZE SAPIEN, MOŻE SŁUŻĄCY ZABIERZE PAŃSKI PŁASZCZ I KAPELUSZ?

NIE, DZIĘKUJĘ PANI BARDZO. CZUJĘ SIĘ **DOBRZE**.

NIESTETY, DOKTOR SAPIEN ŹLE ZNOSI PODRÓŻE.

WRACAJĄC DO TEMATU – WSPOMNIAŁA PANI, ŻE NIE MA NIC PRZECIW BEZPOŚREDNIM PYTANIOM. MAM KILKA. NA PRZYKŁAD TAKIE: **DZIEWIĘĆ POKOLEŃ** TO OKROPNIE DŁUGO, NAWET JAK NA NAJCIĘŻSZĄ OBSESJĘ...

NAPRAWDĘ? TAK PANI SĄDZI?

DLA MNIE TO BYŁO CAŁKIEM NATURALNE. PRZEZ CAŁE ŻYCIE NIE BRAŁAM POD UWAGĘ ŻADNEGO INNEGO ROZWIĄZANIA.

ELIHU CAVENDISH ZDOBYŁ W EUROPIE FORTUNĘ, UMACNIAJĄC POZYCJĘ NASZEJ RODZINY. ZACZĄŁ JAKO ZWYKŁY WIELO-RYBNIK, ALE ZANIM UMARŁ, STAŁ SIĘ WŁAŚCICIELEM WIELU WSPANIAŁYCH STATKÓW.

„ALE NIGDY NIE SPOCZĄŁ, NIGDY NIE BYŁ ZADOWOLONY".

„DZIĘKI SWOJEJ PRACY PRZEMIERZYŁ CAŁY ŚWIAT PONAD DWA TUZINY RAZY".

„W DZIENNIKACH OPISYWAŁ... DZIWNE RZECZY".

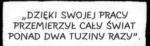

W KOŃCU LOS PRZYGNAŁ GO DO AMERYKI. TU WYBU-DOWAŁ DOM. TEN WŁAŚNIE NAWIEDZONY DOM.

MIEJSCE TO WYBIERAŁ DŁUGO I Z UWAGĄ. NIKT NIE WIE DLACZEGO.

„KIEDY DOM BYŁ JUŻ SKOŃCZONY, ELIHU ZABRAŁ SIĘ DO PRZYGOTO-WYWANIA WYPRAWY MAJĄCEJ DOTRZEĆ DO NAJDALSZYCH ZAKĄTKÓW ARKTYKI. SZUKAŁ CZEGOŚ, O CZYM DOWIEDZIAŁ SIĘ Z FRAGMENTU STAREGO SKRAWKA PERGAMINU, NA KTÓRY NATKNĄŁ SIĘ W JAKIMŚ ZAPOMNIANYM ZAKĄTKU ZIEMI".

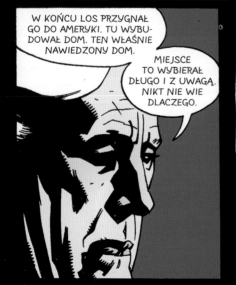

„ZMARŁ NA TYFUS, NIM WYRU-SZYŁ W PODRÓŻ. BYŁ JEDNYM Z TYSIĘCY, KTÓRYCH TAMTEGO ROKU ZABRAŁA EPIDEMIA".

MYŚLĘ, IŻ TU WŁAŚNIE TKWI POCZĄTEK NASZEJ KLĄTWY. PRAGNIENIE DOPROWA-DZENIA DO KOŃCA NIEWYPEŁNIONEJ MISJI ELIHU CAVENDISHA NACHODZI OD TAMTEJ PORY WSZYSTKICH MĘŻCZYZN Z NASZEJ RODZINY.

OD DZIEWIĘCIU POKOLEŃ, OD PRAWIE DWUSTU LAT KAŻDY DUMNY, MŁODY MĘŻCZYZNA WYPŁYWA NA POSZUKIWANIA... SAMA NIE WIEM CZEGO: MARZENIA, MITU?

„MOI SYNOWIE ODESZLI. TRZECH MOICH CHŁOPCÓW. MODLIŁAM SIĘ, BY ZOSTAŁO IM TO OSZCZĘDZONE, ALE BŁAGANIA POZOSTAŁY BEZ ODPOWIEDZI".

„I OTO, BYĆ MOŻE, KLĄTWA WYGASA. MOI SYNOWIE NIE MIELI POTOMKÓW. JEŚLI NIE ŻYJĄ – A OBAWIAM SIĘ, ŻE TAK WŁAŚNIE JEST – RÓD CAVENDISHÓW UMARŁ WRAZ Z NIMI".

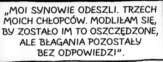

„NIEDŁUGO UMRĘ I JA. A TEN PRZERAŻAJĄCY, STARY DOM POGRĄŻY SIĘ WRESZCIE W CZARNYCH WODACH JEZIORA..."

CÓŻ... PRZYKRO NAM, PROSZĘ PANI.

„...I NA ZAWSZE ZEJDZIE BOGU Z OCZU".

PORA NA KĄPIEL.

WRESZCIE! TO PRZEBRANIE ZACZYNAŁO PRZYPRAWIAĆ MNIE JUŻ O OBRZYDZENIE.

Z PRZYJEMNOŚCIĄ ZAŻYJĘ KĄPIELI.

ABE.

CHCIAŁBYM OPOWIEDZIEĆ WAM, KIM JEST ABE. OCZYWIŚCIE, TO NIE JEST JEGO PRAWDZIWE IMIĘ. „ABRAHAM SAPIEN" ZAKRAWA RACZEJ NA BRZYDKI DOWCIP.

ODNALEZIONO GO PODCZAS PRAC REMONTOWYCH FUNDAMENTÓW SZPITALA ŚW. TRINIANA W WASZYNGTONIE. ODSŁONIĘTO POTĘŻNE DRZWI, A ZA NIMI ZAPOMNIANĄ KOMNATĘ.

ICTHYO SAPIEN 14 KWIETNIA 1865

WYKORZYSTANO NOTKĘ Z KARTKI PRZYCZEPIONEJ OBOK KAPSUŁY. BIURO NADAŁO MU IMIĘ PO PREZYDENCIE LINCOLNIE, KTÓRY ZGINĄŁ W DNIU, KTÓREGO DATĘ ZAPISANO.

KRAK

A TERAZ ZASIĄDŹ U MEGO BOKU. NIECH WYZWOLĘ MOC, KTÓRĄ, SAM O TYM NIE WIEDZĄC, NOSISZ W SWEJ PRAWICY...
...ALBO UMIERAJ.

Rozdział trzeci

KIEDY CZASEM SPOGLĄDAM WSTECZ, BY WAŻYĆ TE WSZYSTKIE LATA MEJ KARIERY — KARIERY NAJLEPSZEGO NA ŚWIECIE BADACZA ZJAWISK PARANORMALNYCH — STWIERDZAM, ŻE WYJĄTKOWO DUŻO CZASU SPĘDZIŁEM, NIE DOTYKAJĄC ZIEMI.

SKAKAŁEM. SPADAŁEM. CZASAMI KTOŚ MNIE ŁAPAŁ I RZUCAŁ W POWIETRZE. PRAWDĘ MÓWIĄC, CHYBA SIĘ DO TEGO PRZYZWYCZAIŁEM.

LECZ TERAZ JEST INACZEJ. RZUCONO MNIE W DÓŁ, PRZEBIŁEM PODŁOGĘ STAREGO DWORU **CAVENDISHÓW**. I TERAZ ZDAJE MI SIĘ, ŻE TO BYŁO CAŁE GODZINY, DNI WCZEŚNIEJ.

WPADA DO WODY, A TA CZĘŚĆ MÓZGU, KTÓRA JESZCZE PRACUJE, MÓWI MI, ŻE NIE MOGŁEM SPADAĆ TAK DŁUGO, JAK MI SIĘ WYDAWAŁO.

DOM CAVENDISHÓW TKWI NA SKALE LEDWIE WYSTAJĄCEJ Z JEZIORA. WŁAŚCIWIE WYBUDOWANO GO RÓWNO Z POZIOMEM WODY.

JEZIORO LEŻY TYLKO KILKANAŚCIE METRÓW POWYŻEJ POZIOMU MORZA. A ZATEM...

...TAFLA WODY MOŻE BYĆ GÓRĄ PIĘTNAŚCIE-DWADZIEŚCIA METRÓW OD PODŁOGI.

KIEDY MYŚLI PRZELATUJĄ TAK PRZEZ MĄ GŁOWĘ, WYDAJE MI SIĘ, ŻE SŁYSZĘ WOŁAJĄCĄ **LIZ**.

„ZAPRASZAM, PANIE CZAROWNIKU – MÓWI. – MAMY JESZCZE WIELE DO ZROBIENIA".

ALE TAK NAPRAWDĘ JEJ NIE SŁYSZĘ. LIZ ZNIKNĘŁA, PORWANA ZE SWEGO POKOJU PRZEZ NIEZNANE SIŁY.

TE SAME SIŁY, KTÓRE I MNIE WEPCHNĘŁY W TĘ OTCHŁAŃ.

WSZYSTKO WOKÓŁ PRZESIĄKNIĘTE JEST **ZŁEM**. CZUJĘ TO NA WŁASNYM CIELE. WŁOSY STAJĄ MI DĘBA.

I WTEDY DOCIERA DO MNIE TEN GŁOS. DZIWNY, ZNAJOMY GŁOS...

TO, CO CZUJESZ, POTWORZE, JEST DŁUGĄ I KRWAWĄ HISTORIĄ TEGO MIEJSCA.

SPRÓBUJ TO OGARNĄĆ SWYM MAŁYM ROZUMEM. CZY SŁYSZYSZ **KRZYKI** OFIAR? CZY CZUJESZ ZAPACH GORĄCEJ KRWI NA ZIMNYCH KAMIENIACH?

OSIEMSET LAT TEMU LUDZIE WCIĄŻ CZCILI WĘŻA I PRÓBOWALI SYCIĆ JEGO APETYT KRWIĄ NIEWINNYCH.

GŁUPCY!

OSIEM WIEKÓW TEMU LUDZIOM BRAKOWAŁO MOCY, BY UWOLNIĆ BESTIĘ.

ALE TA MOC JEST TERAZ TUTAJ.

WE MNIE.

WĄŻ NIE CHCE KRWI NIEWINNYCH OFIAR. POŻĄDA JEDNEJ TYLKO RZECZY – WOLNOŚCI!

A GDY BÓG POZWOLI, BĘDĘ CIĘ NAWET MOCNIEJ KOCHAŁA PO ŚMIERCI.*

I OTO – BYĆ MOZE – ZNALAZŁEM WINNYCH.

TO MIEJSCE UMARŁYCH NIE JEST ZUPEŁNIE POZBAWIONE ZYCIA.

E. BARRET BROWNING, *JAK CIĘ KOCHAM?*, PRZEŁ. S. BARAŃCZAK

ALE...

...CÓŻ TO ZA **RODZAJ ŻYCIA**?

WYCZUWAM PEWNE **POKREWIEŃSTWO** Z TYMI DZIWNYMI **PŁAZAMI**.

POKREWIEŃSTWO NIEZBYT BLISKIE, BO COFNĄŁEM SIĘ O TRZY KROKI – TAK NA WSZELKI WYPADEK...

...BY TRZYMAĆ SIĘ Z DALA OD SREBRZYSTYCH KRĘGÓW WYDOBYWAJĄCYCH SIĘ Z MIEJSCA, W KTÓRYM ZANURZYŁY SIĘ BESTIE.

BOJĘ SIĘ ODWRÓCIĆ WZROK OD WODY. WYCIĄGAM RĘKĘ W POSZUKIWANIU OPARCIA.

LECZ PRZEGNIŁE DREWNO OKAZUJE SIĘ ZBYT SŁABE, NAWET JAK NA MÓJ DELIKATNY DOTYK.

ZOSTAJE
TYLKO
NADZIEJA.

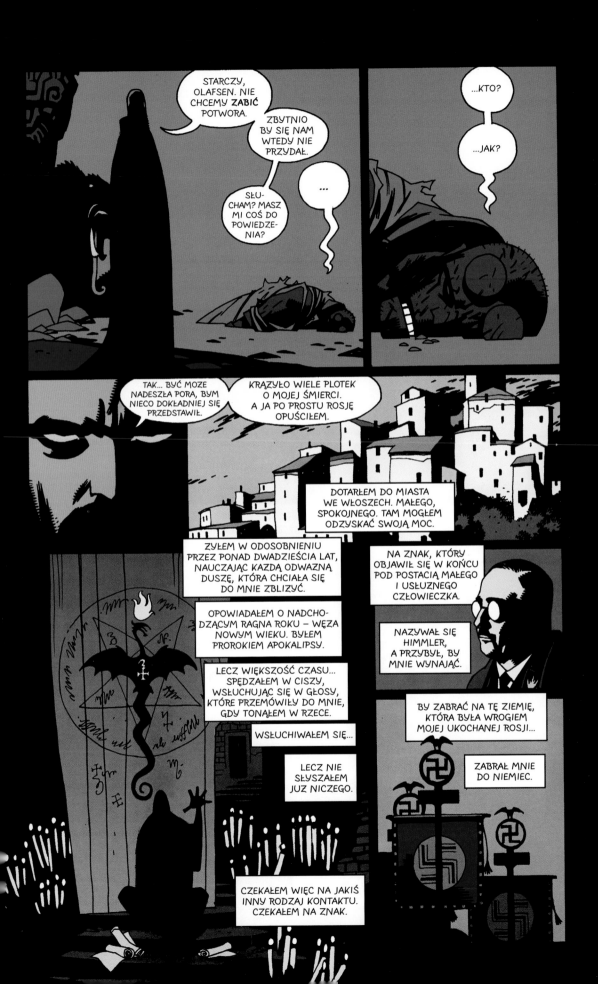

PRZEDSTAWIONO MNIE TAM MIKREMU, PRZEGRANEMU SZALEŃCOWI.

SZALENIEC TEN JEDNAK MÓGŁ MI ZAPEWNIĆ DOSTĘP DO NIEOGARNIONYCH ZASOBÓW.

ZGODZIŁEM SIĘ PRZYSTĄPIĆ DO BANDY MĄDRALI, W KTÓRYCH RZESZA DOSTRZEGAŁA NIESPOTYKANE TALENTY DO TWORZENIA BRONI MASOWEJ ZAGŁADY.

OCZYWIŚCIE – W PORÓWNANIU ZE MNĄ – BYLI GŁUPCAMI, ALE W ICH DUSZACH WIDZIAŁEM KLEJNOTY NIEOSZLIFOWANE, KTÓRE MOGŁEM POLEROWAĆ I CIĄĆ, BY PRZETWARZAĆ WRESZCIE ICH MYŚLI...

...TAK, BY BYŁY NIEOGRANICZONE RAMAMI MORALNOŚCI NI SUMIENIA.

SZCZEGÓLNIE DŁUGO PRACOWAŁEM Z TRZEMA NAUKOWCAMI, KTÓRYCH UZNAŁEM ZA NAJROZSĄD-NIEJSZYCH. PROWADZIŁEM ICH TAK, ŻE MYŚLELI, IŻ WPADALI NA WSZYSTKO SAMI – STWORZYLI W KOŃCU PROJEKT RAGNA ROK.

SPRAWIŁEM, ŻE OCZYMA WYOBRAŹNI ZOBACZYLI SILNIK RAGNA ROK.

W DUCHU ŚMIAŁEM SIĘ Z ICH NAIWNOŚCI. ŻADEN ZWYKŁY CZŁOWIEK NIE MÓGŁBY ZAPROJEKTOWAĆ TAK NIESAMO-WITEGO URZĄDZENIA, TAK JAK ŻADEN CZŁOWIEK NIE BYŁ W STANIE POJĄĆ, JAK OGROMNE SIŁY MOGŁY ZOSTAĆ PRZEZ ÓW SILNIK PRZYWOŁANE.

PRZYWOŁANE WPROST DO MNIE, BYM MÓGŁ STAĆ SIĘ KLUCZEM, BY DZIĘKI MNIE BESTIA ZOSTAŁA UWOLNIONA Z WIECZNYCH OKOWÓW.

ZACZĘŁA CHWIAĆ SIĘ W POSADACH, W TYCH GORZKICH, KRWAWYCH DNIACH, PROJEKT ZBLIZYŁ SIĘ KU KOŃCOWI.

ASTROLOGIA PRZYWIODŁA MNIE W ODPOWIEDNIE MIEJSCE.

NUMEROLOGIA CZAS ODPOWIEDNI WSKAZAŁA.

NIE BYŁO JEDNAK ŻADNYCH WSKAZÓWEK, Z KTÓRYCH MÓGŁBYM WNIOSKOWAĆ, ŻE COKOLWIEK SIĘ UDAŁO.

NAZIŚCI SĄDZILI, ŻE NAM NIE WYSZŁO.

WIEDZIAŁEM LEPIEJ.

CZUŁEM, IZ COŚ ZOSTAŁO PRZYWOŁANE Z INNYCH ŚWIATÓW.

TY.

LECZ ZANIM MOGŁEM COKOLWIEK ZROBIĆ W TEJ SPRAWIE, WIATRY WOJNY RZUCIŁY MNIE GDZIE INDZIEJ.

NIEMCY ZOSTAŁY ZNISZCZONE. HITLER, HIMMLER I RESZTA – ZGINĘLI.

TRYUMFUJĄCE ARMIE KROCZYŁY, DEPCZĄC PROCHY VATERLANDU. MOI WSPÓŁPRACOWNICY ZBIEGLI DO WCZEŚNIEJ PRZYGOTOWANYCH KRYJÓWEK.

ZOSTAŁEM SAM.

I PIERWSZY RAZ W ZYCIU...

...STRACIŁEM PEWNOŚĆ.

I WTEDY, JAKBY TO MOJA CHWILOWA SŁABOŚĆ JE PRZYWOŁAŁA, ZNÓW POSŁYSZAŁEM...

...ZAWODZĄCE, DALEKIE GŁOSY.

MÓWIŁY DO MNIE, BYM SZEDŁ.

MÓWIŁY, BYM SZEDŁ NA PÓŁNOC.

NA PÓŁNOC, AŻ DO ARKTYCZNYCH PUSTKOWI.

AŻ NA SAM SZCZYT ŚWIATA.

ROZDZIAŁ CZWARTY

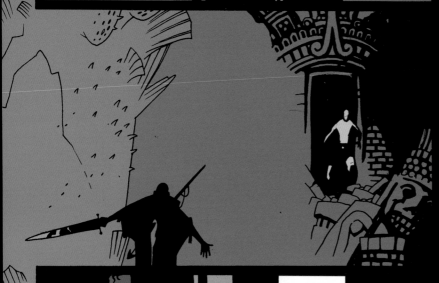

ABE!

ALE...

...NIE SAM.

I W JAKIMŚ DZIWNYM TRANSIE.

A ZA NIM...

...CIENIE, KTÓRE MÓWIĄ...

ZBUDŹ SIĘ, DZIEW-CZYNO.

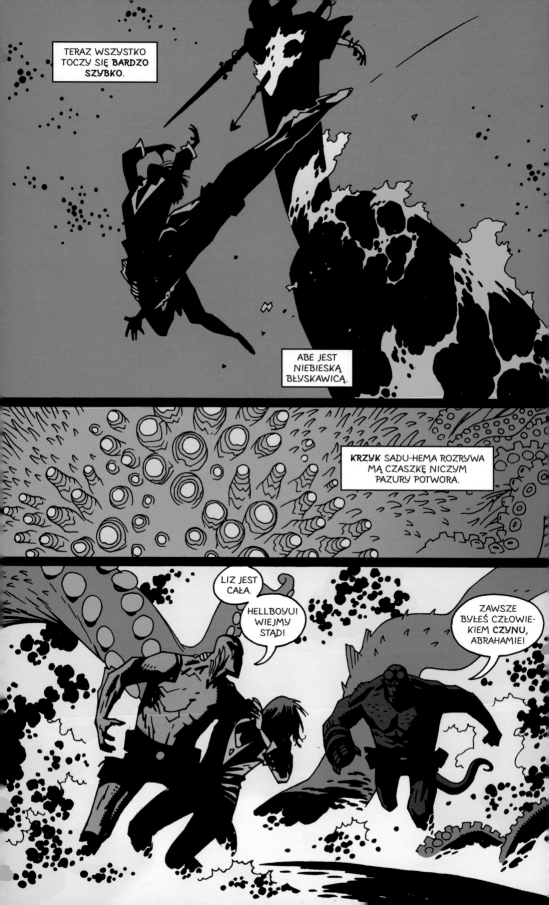

CZAROWNIK **WYKPIŁ** NAUKOWCÓW, KTÓRZY PRÓBOWALI ZROZUMIEĆ POTĘGĘ ZAMKNIĘTĄ W CIELE LIZ SHERMAN.

MYŚLAŁ, ŻE LEPIEJ OD NICH PANOWAŁ NAD TĄ MOCĄ, SĄDZIŁ, ŻE WYCIĄGNIE Z LIZ TYLE SIŁY, ILE MU TYLKO POTRZEBA.

GŁUPIEC.

GDYBY TYLKO MNIE **ZAPYTAŁ**, POWIEDZIAŁBYM MU, ŻE SIĘ **MYLI**.

ALE **BAJZEL!**

CHYBA DASZ MI DO PRZECZYTANIA **RAPORT** Z TEJ SPRAWY, HELLBOYU...

O ILE STĄD W OGÓLE WYJDZIEMY, BYŚ MÓGŁ GO NAPISAĆ.

UMOWA STOI.

TO NIE KONIEC!!!

SKĄD ON SIĘ, DO DIABŁA, WZIĄŁ?

Wspominki Mike'a Mignoli

PO LEWEJ: Rysunek zrobiony do programu jednego z konwentów. Imię „Hellboy" dodałem w ostatniej chwili – strasznie mnie ono rozbawiło. Utkwiło mi w głowie, a postać zaczęła powoli nabierać kształtu.

PONIŻEJ: Z początku planowałem zrobić z *Hellboya* komiks o drużynie bohaterów, ale nie potrafiłem nazwać poszczególnych postaci ani drużyny. Hellboy przechodzi właśnie kolejny etap zmiany pomiędzy pierwszym jego wizerunkiem a wyglądem, który znamy i kochamy obecnie. Spójrzcie no tylko na jego bary!

PO PRAWEJ: Hellboy w ostatecznej postaci. Chciałem, by ta ilustracja stała się plakatem promującym pierwszą miniserię, ale nie podobała mi się jego prawa dłoń.

POCZĄTKI – CIĄG DALSZY

Historyjki tu przedstawione są pierwszymi opowieściami z Hellboyem, które narysowałem – miały wypromować miniserię i przedstawić czytelnikom postać. Pierwsza z nich pojawiła się w drugim numerze „San Diego Comic-Con Comics" rozdawanym na konwencie komiksowym w San Diego w 1993 roku. Drugą z nich wydrukowano w „Comics Buyer's Guide".

Fabułą za bardzo się nie przejmowałem, ale przy okazji tych historyjek dowiedziałem się kilku rzeczy – Hellboy lepiej wygląda w płaszczu, a ja lubię rysować goryle, którym wystaja spod futra wielkie śruby. Na tej stronie widzi-

CIEKAWE ZESTAWIENIE. SWEGO CZASU ZMIERZYŁEM CAŁY ŚWIAT WZDŁUŻ I WSZERZ, ALE NIGDY NIE WIDZIAŁEM CZEGOŚ TAKIEGO.

BUT KOWBOJA, EGIPSKI SKARABEUSZ I SWASTYKA.

JAK DLA MNIE, ZA DUZO TU SYMBOLI.

ALE KOGO TO OBCHODZI.

PRZEZ KILKA OSTATNICH LAT SPORO MAŁYCH MIASTECZEK W OKOLICY CAŁKOWICIE SIĘ WYLUDNIŁO.

BAR

KAWA

CHŁODNE NAPOJE

CUKIERKI · CYGARA

GADZIE RANCZO TEDA

TYLKO DZIŚ ZYWE

GRZECHOTNIKI

POKAZ NA ŻYWO

LUDZIE JAKBY WYPARO-WALI. ZADNYCH ŚLADÓW PRZEMOCY. ZWYCZAJNIE ZNIKNĘLI.

TO OSTATNIE Z NICH. I PIERWSZE, KTÓRE ZWRÓCIŁO MOJĄ UWAGĘ.

BENZYNA

AUTO-SERWIS

HĘ?

PIES?

PARCHATY KUNDEL. WYGLĄDA NA GŁODNEGO.

WSZYSCY ZNIKNĘLI, A TEN SIEDZI TU SAM.

HEJ, MAŁY! NIE BÓJ SIĘ.

NIE JESTEM TAKI STRASZNY, NA JAKIEGO...

...WYGLĄDAM...

NIC MI NIE BĘDZIE. MOŻE NIE JESTEM TAK **STRASZNY**, JAK NA TO WYGLĄDAM, ALE **TWARDY** JESTEM JAK DIABLI.

MOŻE TO I PRAWDZIWY BÓG **ANUBIS**. A MOŻE I NIE...

ALE KTOKOLWIEK BY BYŁ, MOŻE SPEŁNIĆ SWOJE **POGRÓŻKI**.

CHYBA, ŻE PRZEJMĘ **INICJATYWĘ**.

MÓJ **UPADEK** NARUSZYŁ ŚRUBY MOCUJĄCE ZNAK STACJI BENZYNOWEJ.

ZOBACZMY, CZEGO MOŻE DOKONAĆ KILKA KOLEJNYCH CIOSÓW...

TAAA... MOŻE FAKTYCZNIE TO ANUBIS, ALE STRZAŁA WCHODZI W NIEGO JAK W ŚWIEŻE MIĘSO.

I WYJE JAK KAŻDE INNE RANNE ZWIERZĘ.

HELLBOY™

GALERIA

Autorzy ilustracji:

SIMON BISLEY
kolory – Matthew Hollingsworth

MIKE ALLRED

ART ADAMS
kolory – Matthew Hollingsworth

FRANK MILLER

FRED BLANCHARD

oraz

GARY GIANNI